古代歷史文化研究輯刊

三十編

王明蓀 主編

第 8 冊

清代禁戲圖存（下）

李德生 著

國家圖書館出版品預行編目資料

清代禁戲圖存（下）／李德生 著 -- 初版 -- 新北市：花木蘭
文化事業有限公司，2023〔民112〕
目 12+222 面；19×26 公分
（古代歷史文化研究輯刊 三十編；第 8 冊）
ISBN 978-626-344-413-3（精裝）
1.CST：清代戲曲 2.CST：圖錄 3.CST：版畫
618   112010435

古代歷史文化研究輯刊
三十編 第 八 冊   ISBN：978-626-344-413-3

清代禁戲圖存（下）

作　　　者	李德生
主　　　編	王明蓀
總 編 輯	杜潔祥
副總編輯	楊嘉樂
編輯主任	許郁翎
編　　　輯	張雅淋、潘玟靜　美術編輯　陳逸婷
出　　　版	花木蘭文化事業有限公司
發 行 人	高小娟
聯絡地址	235 新北市中和區中安街七二號十三樓
	電話：02-2923-1455／傳真：02-2923-1452
網　　　址	http://www.huamulan.tw 信箱 service@huamulans.com
印　　　刷	普羅文化出版廣告事業
初　　　版	2023 年 9 月
定　　　價	三十編 15 冊（精裝）新台幣 42,000 元

清代禁戲圖存（下）

李德生　著

目

次

255.《唾紅記》明末刊本

256.《種玉記》 明末玉茗堂刊本

257.《種玉記》明末玉茗堂刊本

258.《櫻桃記》 明末刊本

慢捲珠簾飛燕子
且向金鵝打櫻桃

259.《櫻桃記》明末刊本

260.《西廂升仙記》明末刊本

261.《西廂升仙記》明末刊本

262.《萬錦嬌麗》 明末玉茗堂刊本

263.《博笑記》明末玉茗堂刊本

264.《花筵賺》_{明末刊本}

265.《西園記》明末刊本

266.《西園記》 明末刊本

267.《載花舲》明末刊《曲波園傳奇二種》本

268.《載花舲》明末刊《曲波園傳奇二種》本

269.《香草吟》明末刊《曲波園傳奇二種》本

明刊本（年代待考）

270.《昭君出塞》明刊本

271.《桃花人面》明刊本

272.《桃花人面》^{明刊本}

272.《桃花人面》明刊本

273.《唐伯虎千金花舫緣》_{明刊本}

274.《小青娘情死春波影》明刊本

275.《風月牡丹仙》明刊本

276.《香囊怨》明刊本

277.《夭桃紈扇》明刊本

278.《夭桃紈扇》明刊本

279.《碧蓮繡符》明刊本

280.《碧蓮繡符》明刊本

281.《雙鶯傳》明刊本

282.《雙鶯傳》 明刊本

283.《櫻桃園》明刊本

284.《雙合歡》明刊本

285.《翠鈿緣》明刊本

286.《夢幻緣》明刊本

287.《續西廂》明刊本

288.《不了緣》明刊本

289.《不了緣》明刊本

清代（1644～1911）

290.《魏仲雪評西廂記》清初陳長卿刊本

291.《魏仲雪評西廂記》清初陳長卿刊本

292.《西樓夢傳奇》清初耐閒堂刊本

293.《西樓夢傳奇》清初耐閒堂刊本

294.《鴛鴦夢》清順治壽壽堂刊本

先聚寒溫後
詠詩
相思半幅情
千片

295.《鴛鴦夢》清順治壽壽堂刊本

話兒中驚疑
未省
小鹿兒一霎
衝心

296.《意中緣》清順治《笠翁十種曲》刊本

297.《意中緣》清順治《笠翁十種曲》刊本

298.《憐香伴》清順治《笠翁十種曲》刊本

299.《憐香伴》清順治《笠翁十種曲》刊本

300.《蜃中樓》清順治《笠翁十種曲》刊本

301.《蜃中樓》清順治《笠翁十種曲》刊本

302.《玉搔頭》清順治《笠翁十種曲》刊本

303.《比目魚》清順治《笠翁十種曲》刊本

304.《比目魚》清順治《笠翁十種曲》刊本

305.《風箏誤》清順治《笠翁十種曲》刊本

306.《鳳求凰》清順治《笠翁十種曲》刊本

307.《鳳求凰》清順治《笠翁十種曲》刊本

308.《奈何天》清順治《笠翁十種曲》刊本

309.《奈何天》清順治《笠翁十種曲》刊本

310.《慎鸞交》清順治《笠翁十種曲》刊本

311.《慎鸞交》清順治《笠翁十種曲》刊本

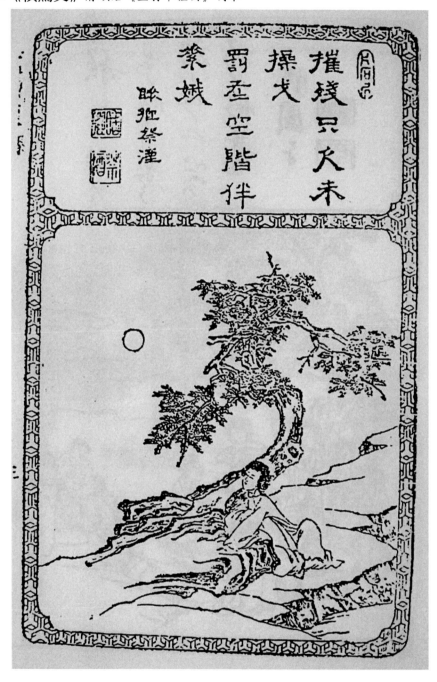

312.《巧團圓》清順治《笠翁十種曲》刊本

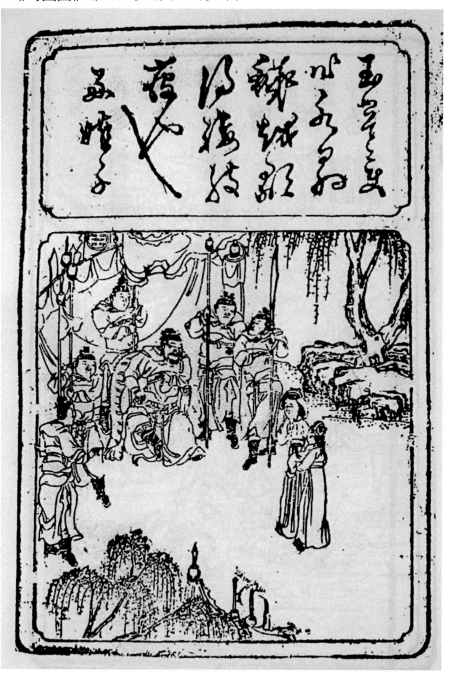

313.《巧團圓》清順治《笠翁十種曲》刊本

314.《揚州夢傳奇》清康熙啟賢堂刊本

315.《揚州夢傳奇》清康熙啟賢堂刊本

316.《揚州夢傳奇》清康熙啟賢堂刊本

317.《秦樓月傳奇》清康熙文喜堂刊本

318.《秦樓月傳奇》清康熙文喜堂刊本

319.《西廂記》清康熙金閭書業堂刊《第六才子書》本

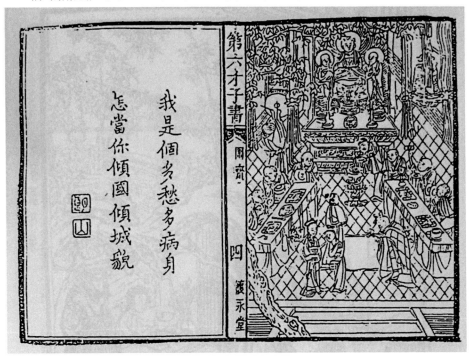

320.《廣寒香》清康熙文治堂刊本

321.《牡丹亭還魂記》清康熙夢園刊本

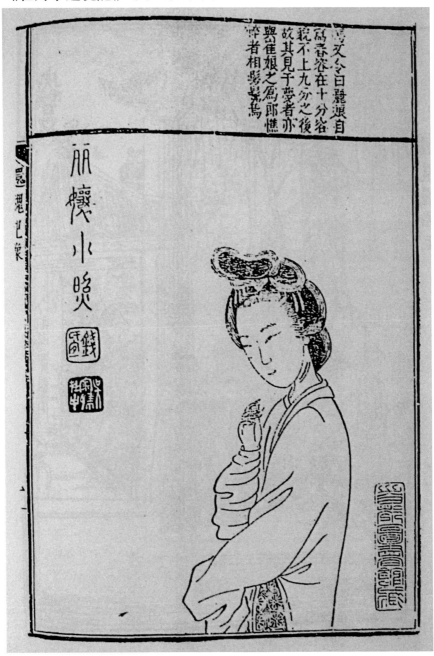

322.《牡丹亭還魂記》清康熙夢園刊本

323.《牡丹亭還魂記》清康熙夢園刊本

324.《牡丹亭還魂記》清康熙夢園刊本

325.《雅趣藏書》清康熙四德堂刊本

326.《雅趣藏書》清康熙四德堂刊本

327.《第七才子書》清康熙芥子園刊本

328.《第七才子書》清康熙芥子園刊本

329.《燕子箋》清乾隆刊本

330.《燕子箋》清乾隆刊本

331.《第六才子西廂記》清乾隆文德堂刊本

332.《魚水緣傳奇》清乾隆刊本

333.《石榴記傳奇》清乾隆柴灣村舍刊本

334.《石榴記傳奇》清乾隆柴灣村舍刊本

335.《珊瑚玦》清書帶草堂刊本

336.《石點頭》明末清初金閶刊本

337.《石點頭》明末清初金閭刊本

338.《揚州夢》明末清初金閶刊本

339.《鳳儀亭》清康熙刊《李卓吾點評三國演義》本

340.《廣寒宮》清康熙刊本

341.《廣寒宮》清康熙刊本

342.《百美新詠》清乾隆王翽繪刊本

343.《樊梨花征西》清乾隆刊本

英雄不及
蛾眉勇安
得崔嵬
若坦途
樊梨花

344.《紅樓夢》清乾隆刊本

345.《鴛鴦針》清乾隆東吳赤綠山房刊本

346.《鴛鴦針》清乾隆東吳赤綠山房刊本

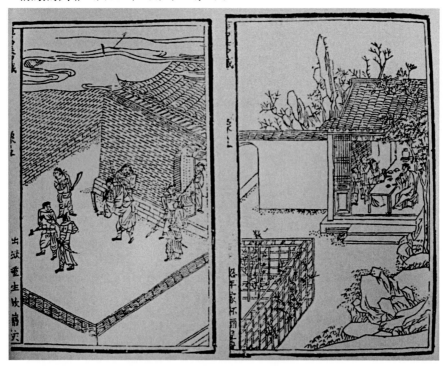

347.《鴛鴦針》清乾隆東吳赤綠山房刊本

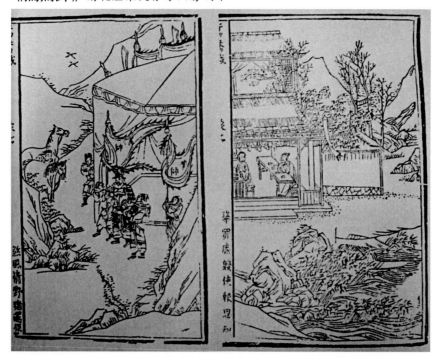

348.《二度梅全傳》清嘉慶刊本

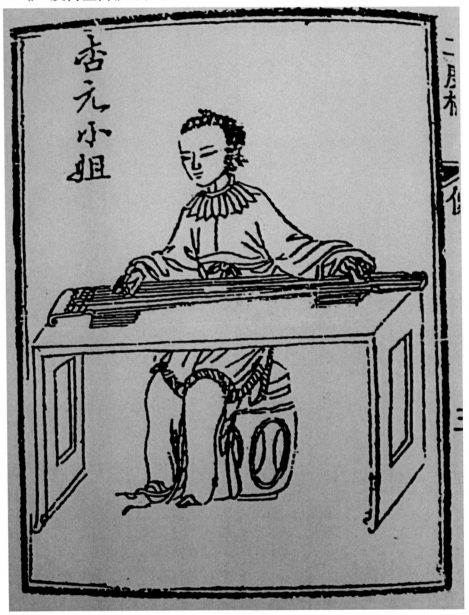

349.《紅樓夢》清光緒浙江楊氏文元堂刊本

350.《紅樓夢》清光緒浙江楊氏文元堂刊本

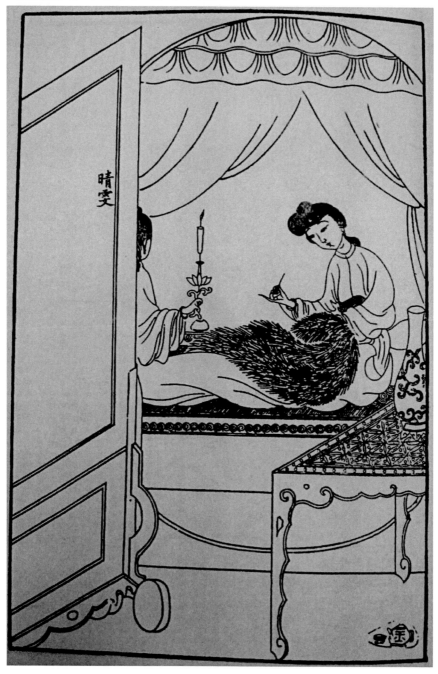

351.《紅樓夢》清光緒浙江楊氏文元堂刊本

352.《紅樓夢》清光緒浙江楊氏文元堂刊本

353.《風月夢》清光緒刊本

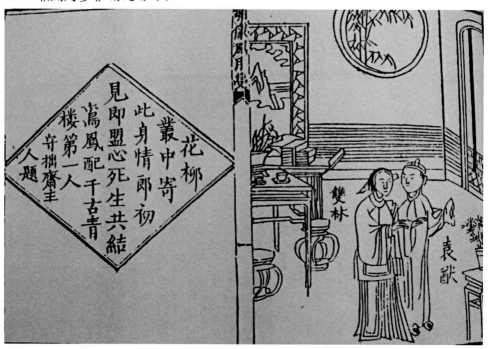

花柳叢中寄

此身情郎初

見即盟心死生共結

鴛鳳配千古青

樓第一人

守拙齋主

人題

354.《風月夢》清光緒刊本

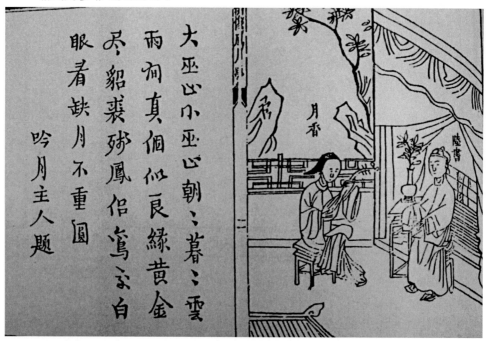

大巫心小巫心朝、暮、雲

兩俩真個似良緣黃金

盡貂裘殘鳳侶篤字白

眼看缺月不重圓

吟月主人題

355.《殺子報全傳》清靈巖樵子光緒中年刊本

356.《歡喜冤家》(《貪歡報》) 清光緒愛心亭刊本

357.《歡喜冤家》(《貪歡報》) 清光緒愛心亭刊本

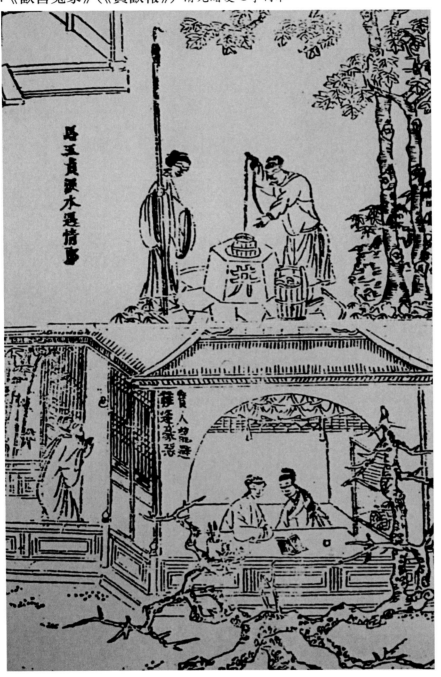

358.《後紅樓夢》清光緒刊本

359.《後紅樓夢》清光緒刊本

360.《珊瑚玦》清書帶草堂刊《容居堂三種曲》本

361.《元寶媒》清書帶草堂刊《容居堂三種曲》本

362.《元寶媒》清書帶草堂刊《容居堂三種曲》本

363.《三國演義》清上元泉水刊本

364.《水滸傳》清代末年書肆刊本

365.《紫釵記》清代末年書肆刊本

366.《紫釵記》清代末年書肆刊本

367.《南柯記》清代末年書肆刊本

368.《紫釵記》清代末年書肆刊本

369.《南柯記》清代末年書肆刊本

370.《紫釵記》 清代末年書肆刊本

371.《牡丹亭》清代末年書肆刊本

372.《紫簫記》清代末年書肆刊本

373.《聊志誌異》清代末年書肆刊本

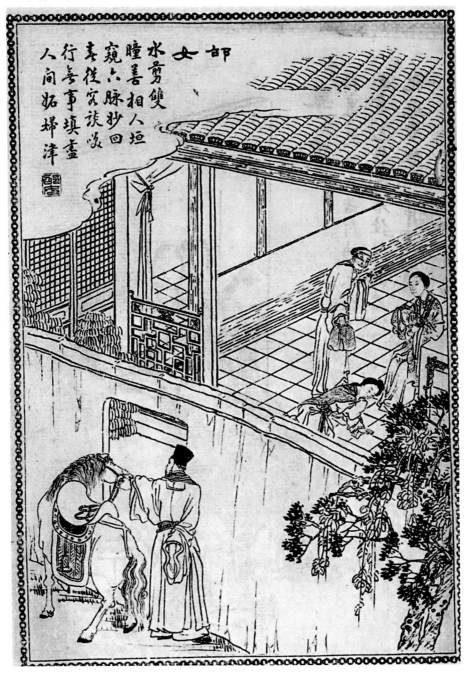

374.《聊志誌異》清代末年書肆刊本

375.《聊志誌異》清代末年書肆刊本

亦生致癡不有九莎　促
堪死富兒蠲重常雞　織
憐死生偏何天供遠
　生　物責例貢

376.《繪本西遊記》日本江戶時代大原東野歌川豐廣浮世繪刊本

377.《繪本西遊記》日本江戶時代大原東野歌川豐廣浮世繪刊本

378.《繪圖封神榜》清嘉慶書肆刊本

379.《水滸全圖》清光緒廣東臧修堂丁鴻賓題跋明杜堇繪本

380.《水滸全圖》清光緒廣東臧修堂丁鴻賓題跋明杜堇繪本

381.《水滸全圖》清光緒廣東臧修堂丁鴻賓題跋明杜堇繪本

382.《繪本通俗三國志》清末上海書局出版的日本江戶時代繪圖本

383.《繪本西遊記》清嘉慶書肆本

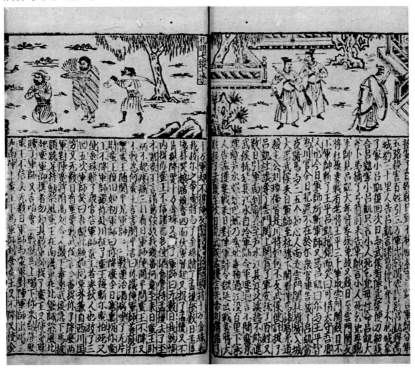

384.《京劇小唱本》清宣統書肆刻本

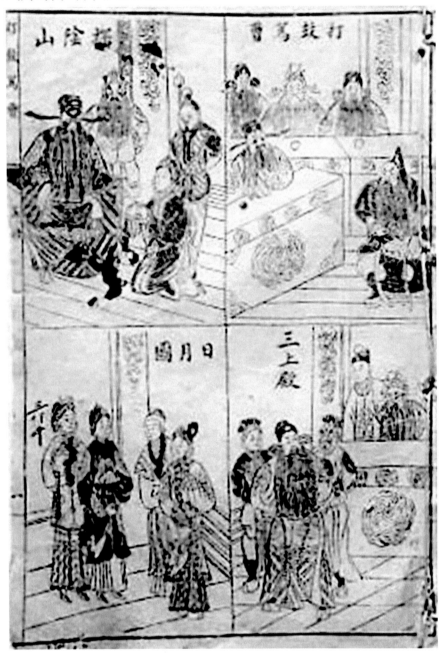

第二部分　清代手繪和石印戲畫

1.《十面》清代昇平署手繪戲畫

2.《取金陵》清代昇平署手繪戲畫

3.《捉放》清代昇平署手繪戲畫

4.《打墩》清代昇平署手繪戲畫

5.《五花洞》清代昇平署手繪戲畫

6.《打連廂》清代昇平署手繪戲畫

7.《百壽圖》清代昇平署手繪戲畫

8.《女兒國》清代昇平署手繪戲畫

9.《鎖五龍》清代昇平署手繪戲畫

10.《五壽傳》清代昇平署手繪戲畫

11.《陰陽界》清代昇平署手繪戲畫

12.《拿花蝴蝶》清代昇平署手繪戲畫

13.《探母》清代昇平署手繪戲畫

14.《荷玉配》清代昇平署手繪戲畫

15.《白門樓》清代昇平署手繪戲畫

16.《反五侯》清代昇平署手繪戲畫

17.《白莽臺》清代昇平署手繪戲畫

18.《渼陽關》清代昇平署手繪戲畫

19.《戲妻》清代昇平署手繪戲畫

20.《打擂》清代昇平署手繪戲畫

21.《斷橋》清代昇平署手繪戲畫

22.《除三害》清代昇平署手繪戲畫

23.《牧虎關》清代昇平署手繪戲畫

24.《玉堂春》清代昇平署手繪戲畫

25.《御果園》清代昇平署手繪戲畫

26.《遊龍戲鳳》綴玉軒藏清代昇平署手繪戲畫

27.《拾玉鐲》綴玉軒藏清代昇平署手繪戲畫

28.《春秋配》綴玉軒藏清代昇平署手繪戲畫

29.《得意緣》綴玉軒藏清代昇平署手繪戲畫

30.《雙鎖山》綴玉軒藏清代昇平署手繪戲畫

31.《拜山》綴玉軒藏清代昇平署手繪戲畫

32.《白水灘》綴玉軒藏清代昇平署手繪戲畫

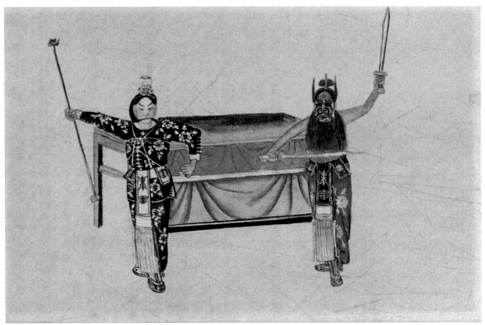

33.《豔陽樓》綴玉軒藏清代昇平署手繪戲畫

34.《逍遙津》清末英美煙草公司出品的石印煙畫

35.《頂花磚》清末英美煙草公司出品的石印煙畫

36.《鴛鴦樓》清末英美煙草公司出品的石印煙畫

37.《十八扯》清末英美煙草公司出品的石印煙畫

38.《鐵弓緣》清末英美煙草公司出品的石印煙畫

39.《梅龍鎮》清末英美煙草公司出品的石印煙畫

40.《惡虎村》清末英美煙草公司出品的石印煙畫

41.《四郎探母》清末英美煙草公司出品的石印煙畫

42.《張義托兆》清末英美煙草公司出品的石印煙畫

43.《連環套》清末英美煙草公司出品的石印煙畫

44.《拿高登》清末英美煙草公司出品的石印煙畫

45.《探母》清末英美煙草公司出品的石印煙畫

46.《曾頭市》清末英美煙草公司出品的石印煙畫

47.《查頭關》清末英美煙草公司出品的石印煙畫

48.《泗州城》清末英美煙草公司出品的石印煙畫

49.《教歌》清末英美煙草公司出品的石印煙畫

50.《十八扯》清末英美煙草公司出品的石印煙畫

51.《三疑計》清末英美煙草公司出品的石印煙畫

52.《拐兒》清末英美煙草公司出品的石印煙畫

53.《卞梁殺宮》清末英美煙草公司出品的石印煙畫

54.《四傑村》清末英美煙草公司出品的石印煙畫

55.《彩樓配》清末英美煙草公司出品的石印煙畫

56.《戲迷傳》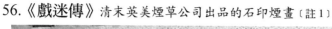清末英美煙草公司出品的石印煙畫〔註1〕

第三部分 清代木版戲曲年畫

1. 《花園贈金》清代江蘇蘇州桃花塢木版年畫

2.《金山寺》清代江蘇蘇州桃花塢木版年畫

3.《點秋香》清代江蘇蘇州桃花塢木版年畫

4.《盤絲洞》清代江蘇蘇州王榮興記木版年畫

5.《雙蕩湖船》清代江蘇蘇州桃花塢木版年畫

6.《大四傑村》清代江蘇蘇州桃花塢木版年畫

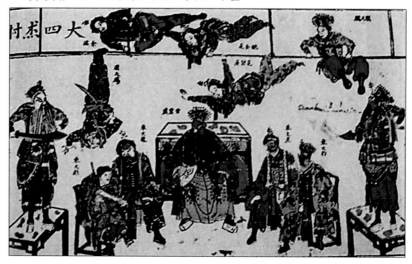

7.《盜仙草》清代福建福鼎清木版年畫

8. 《小上墳》清代福建福鼎清木版年畫

9.《大嫖院》清代四川綿竹木版手描彩繪年畫

10.《西廂記》清代山西臨汾木版年畫

11.《烏龍院》清代山西臨汾木版年畫

12.《狐狸緣》清代山西臨汾木版年畫

13.《鐵弓緣》清代河南開封天義木版年畫

14.《白逼宮》［逍遙津］清代陝西鳳翔木版年畫

15.《白蛇傳》清代河北楊柳青木版手描彩繪年畫

16.《梅降雪》清代河北楊柳青木版手描彩繪年畫

17.《拾玉鐲》清代河北楊柳青木版手描彩繪年畫

18.《老少換》清代河北楊柳青木版手描彩繪年畫

19.《鳳儀亭》清代河北楊柳青木版年畫

20.《白蛇傳》清代河北楊柳青木版年畫

21.《小上墳》清代河北武強套色木版年畫

22.《鳳儀亭》清代河北楊柳青木版年畫

23.《玉堂春》清代河北武強木版年畫

24.《戰宛城》清代山東濰坊套色木版年畫

25.《刺嬸》清代山東濰坊套色木版年畫

26.《背娃入府》清代河南開封套色木版年畫

27.《梅降雪》清代山東平度泰記木版年畫

28.《辛安驛》清代河北楊柳青木版手描彩繪年畫

29.《拾玉鐲》清代四川綿竹木版手描彩繪年畫

30.《雙鎖山》清代江蘇蘇州桃花塢木版年畫

31.《連環計》清代四川綿竹木版手描彩繪年畫

32.《蔡天化》清代江蘇蘇州桃花塢套色木版年畫

33.《三義絕交》清代河北蘆臺手描彩繪木版年畫

34.《伐子都》清代河北楊柳青木版年畫

35.《雙鎖山》清代河北楊柳青木版年畫

36.《楊香武二盜九龍杯》清代江蘇蘇州桃花塢套色木版年畫

37.《彩樓配》清代河北楊柳青木版年畫

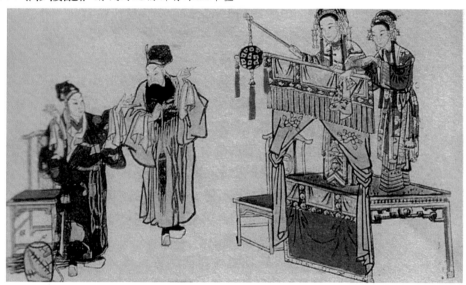

38.《王定保借當》清代河北楊柳青木版手描彩繪年畫

39.《白蛇傳》清代河北楊柳青木版手描彩繪年畫

40.《摩天嶺》清代河北楊柳青木版手描彩繪年畫

41.《蓮花湖》清代河北楊柳青木版手描彩繪年畫

42.《四傑村》清代河北楊柳青木版手描彩繪年畫

43.《巴家寨》清山東平度套色木版年畫

44.《落馬湖》清代山東濰坊套色木版年畫

45.《拿謝虎》清代山東濰坊套色木版年畫

46.《趙家樓》清代江蘇蘇州王榮興套色木版年畫

47.《拿謝虎》清代上海許益泰彩色木版年畫

48.《**忠義堂**》清代江蘇蘇州王榮興套色木版年畫

49.《**拿郎如豹**》清代江蘇蘇州王榮興套色木版年畫

50.《連環計》清代江蘇蘇州套色木版年畫

51.《黃天霸探山》清代河南開封套色木版年畫

52.《三岔口》清代江蘇蘇州套色木版年畫

53.《白蛇傳》清代江蘇蘇州世興畫局套色木版年畫

54.《王定保借當》

55.《三傑烈》清代江蘇蘇州世興畫局套色木版年畫

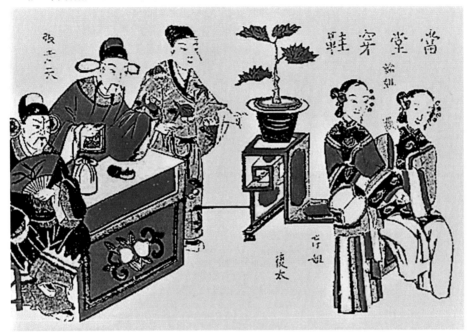

56.《昭君出塞》清代江蘇蘇州世興畫局套色木版年畫

57.《三堂會審》清代山東平度泰記木版年畫

58.《拿九花娘》清代江蘇蘇州套色木版年畫

59.《打櫻桃》清代江蘇蘇州套色木版年畫

60.《刺巴傑》清代河北楊柳青木版年畫

61.《西廂記》清代河北楊柳青木版年畫

62.《獅子樓》清代河北楊柳青木版年畫

63.《大名府》清代四川綿竹木版手描彩繪年畫

64.《戰宛城》清代河北楊柳青木版年畫

65.《浣花溪》清代河北楊柳青木版年畫

66.《花蝴蝶》清代河北楊柳青木版年畫

67.《翠屏山》清代河北楊柳青木版年畫

68.《小上墳》清代河北楊柳青木版年畫

69.《無底洞》清代河北楊柳青木版年畫

70.《落馬湖》清代河北楊柳青木版年畫

71.《白羅衫》清代河北楊柳青木版年畫

72.《盜御馬》清代河北楊柳青木版年畫

73.《無底洞》清代江蘇蘇州桃花塢木版年畫

74.《鬧江州》清代江蘇蘇州桃花塢木版年畫

75.《海潮珠》清代河北楊柳青木版年畫

76.《鳳儀亭》清代河北楊柳青木版年畫

77.《全出狐狸緣》清代河北武強木版年畫

78.《小廣寒》清代江蘇蘇州陳同盛木版年畫

79.《白蛇傳》清代河北楊柳青木版年畫

80.《白蛇傳》清代河北楊柳青木版年畫

81.《蝴蝶杯·藏舟》清代河南朱仙鎮木版年畫

82.《羅章跪樓》清代河南朱仙鎮木版年畫

83.《殺子報》清代河北喬町村慶順成畫店出版的木版年畫

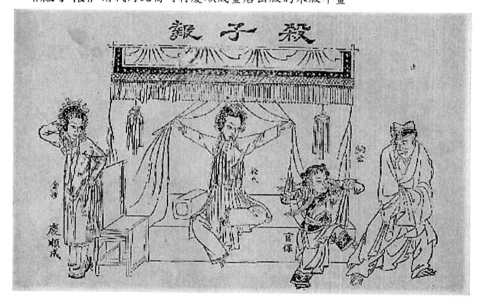

84.《全本白蛇傳》清末河北天津木版年畫

85.《盜芭蕉扇》清代河南朱仙鎮木版年畫

86.《打金枝》清代河南朱仙鎮木版年畫

87.《拾玉鐲》清代河南朱仙鎮木版年畫

88.《白美娘借傘》清代河址武強彩色木版年畫

89.《青雲下書》清代河址武強彩色木版年畫

90.《白鼠洞》清代山東寒亭楊家埠彩色木版年畫

91.《白水灘》清代上海彩色木版年畫

92.《鮑金花父女打擂》清代上海彩色木版年畫

93.《打櫻桃》清代上海許益泰彩色木版年畫

94.《打魚殺家》清代上海許益泰彩色木版年畫

95.《刁南樓》清代上海彩色木版年畫

96.《風箏誤》清代河南朱仙鎮彩色木版年畫

97.《迷人館》清代上海許益泰彩色木版年畫

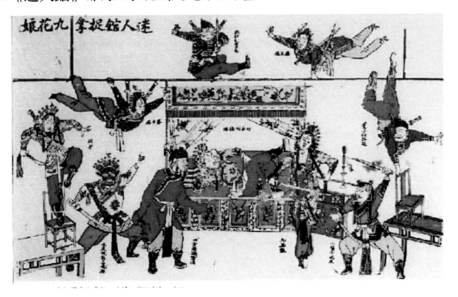

98.《八美打擂》清代上海許益泰彩色木版年畫

99.《快活林》清代山東楊家埠彩色木版年畫

100.《叭蠟廟》清代江蘇蘇州王榮興套色木版年畫

　　注：京劇《叭蠟廟》是一出著名的傳統武戲，但這個戲名十分奇特，大多人只知它是一座廟的名子，而不知何謂其名。筆者從《民俗志》中考知：八蠟（作者注：此處「蠟」字讀音為 zhà，乃古時的祭禮，於年終大祭萬物，周朝稱為「蠟」。）廟，乃古時祭祀之名。夏時稱謂嘉平，殷代稱作清祀，周時稱為大蠟。舊時於每年建亥之月（十二月），在農事。農，即古之田畯；四為郵表畷，郵為田間廬舍，表為田間道路，畷是田土疆界相連綴；五為貓虎；六為坊，即堤防；七為水庸，即水溝；八為昆蟲，即蝗螟之屬。

　　清同治年間編撰的《重修寧海志》中，對叭蠟神的解釋大意是：叭蠟神是八種與農事有關的神，分別是先嗇神、司嗇神、百種神、農神、郵表畷神、貓虎神、坊神、水庸神。

　　近日偶然讀了一個上世紀五十年代出版的戲曲小冊子，其中有京劇老藝人宋義增寫的一篇「閒話《叭蠟廟》」，方始疑雲頓解。文中寫道：京劇《叭蠟廟》的「叭」字，有人說應該是「八」字。這不由得使我回憶起當年坐科時的生活所見。記得我十二三歲時，我們群益社科班正由張玉峰和黃少山（黃月山之子）二位老師給排「八大拿」的戲，其中就有這齣《叭蠟廟》——「拿費德

功」，由米龍、竇虎下山起，直至拿住費德功，黃天霸，張桂蘭夫妻反目、定
計探監、賠情和好止。故爾對「叭蠟廟」這個名字印象極深。當時人們稱群益
社為「窩頭班」，每年秋後都要到京東一帶「跑簾外」唱「廟臺戲」，也叫「野
檯子戲」，就像南方的「草臺班」那樣。群益社常到通州、順義、三河、武清
各縣一帶的村鎮，趕在廟會上、大集上演唱。那一年，在順義縣迤東四十多里
地的有個叫「魯仙觀」的村子裏，那兒有座兩層院子的廟宇，門口的橫匾上就
寫著「叭蠟廟」字樣。我們這些唱戲的孩子們好奇心勝，一見這個廟名，立刻
就跟戲聯繫起來了，倒要見識見識。只見大殿裏所供的神像，與一般廟宇大不
相同，總共八尊。每尊都身穿大領花袍，頭像稀奇古怪，一副非人非鬼的模樣，
其中有螞蚱（蝗蟲）、刀螂（螳螂）、蚱蜢、刮打扁兒、蠮蠮兒、土狗子（螻蛄）、
土鱉蟲和一個豆鼠，餘下的那個就想不起名字來了。這些塑像只有長短不齊的
頭露在外面，其他部分，如身子、手腳等都用袍遮著，看不見。大殿裏就這麼
幾尊泥胎。兩旁也沒什麼配搭。我們問當地的老農，這些「神仙」不都是吃莊
稼的蟲子嗎？為什麼還供它們？回答說：這些是神，非同一般，給它們燒香上
供，它們知道我們的心是虔誠的，就不會叫它們的子子孫孫糟踐莊稼啦。老年
間那會兒，不興使用農藥，更沒發明出什麼殺蟲劑來，辛勞的農民只有用這種
迷信辦法寄託一點豐收的心願。其實這不是「猴兒拿蝨子──瞎掰」嗎！我們
科班所到過的山區鄉鎮，像這樣的「叭蠟廟」還止這一處。這是我親眼得見，
記下來，聊供參考，倒不是想同哪一位抬槓。我認為，「叭蠟廟」這個名字多
半兒是從民間來的，不一定經過什麼考證就叫開了，從俗延用，直至而今。連
《施公案》小說上，也是這樣寫的（編者按：見《施公案》第三百零五回）。
戲是根據書編的，不能算戲班兒裏不對。」

參考文獻

1. 鄭振鐸著，《插圖本中國文學史》，人民文學出版社出版，1961。

2. 張次溪編，《清代燕都梨園史料》，加拿大溫哥華華人圖書館藏。

3. 阿英編，《晚清戲曲小說目》，上海文藝聯合出版社，1954。

4. 中國戲曲誌編輯委員會編，《中國戲曲誌》，文化藝術出版社，1900。

5. 丁淑梅著，《清代禁燬戲曲史料編年》，四川大學出版社，2010。

6. 王利器編，《元明清三代禁燬小說戲曲史料》，上海古籍出版社，1981。

7. 王芷章著，《中國戲曲漫談》，中國戲曲學院資料室藏油印本。

8. 賴詠編，《明清善本禁燬小說大系》，大眾文藝出版社，2009。

9. 周志輔著，《几禮居雜著拾遺》，加拿大溫哥華華人圖書館藏手寫複印本。

10. 丁汝芹著，《清代內廷演戲史話》，紫禁城出版社，1999。

11. 田淞，《【京劇彙編】工作拾遺》（手寫日誌殘篇），沈毓琛收藏。

12. 王大錯編，《戲考》，UBC 大學亞洲圖書館藏中華圖書館印行，1932。

13. 胡沙著，《評劇簡史》，中國戲劇出版社出版，1960。

14. 王樹村編，《戲齣年畫》，臺灣漢聲雜誌出版社，1998。

15. 國劇學會編，《國劇畫報》，1930 年學苑出版社，2010 年再版。

16. 燕山出版社編，《中國京劇史照》，北京燕山出版社，1989。

17. 李德生編，《禁戲》，中國百花文藝出版社，2009。

18. 李德生著，《丑角》，中國百花文藝出版社，2005。

19. 李德生著，《煙畫》，中國百花文藝出版社，2003。

20. 李德生、王琪編，《清宮戲畫》，中國百花文藝出版社，2003。

21. 美國紐約大都會博物館藏,《中國清代戲劇人物畫》。

22. 王樹村著,《戲齣年畫》,臺灣漢聲出版公司,1999。

23. 王樹村著,《中國民間美術史》,北京工藝美術出版社,2002。

24. 馮驥才編,《中國木版年畫集成》,中華書局出版,2001。

25. 天津市藝術博物館編,《楊柳青年畫》,文物出版社出版,1997。

26. 周心慧編,《中國古典戲劇木版插圖集》,學苑出版社出版,2005。

27. 李德生私人珍藏清末民初出版的煙畫。

加拿大 UBC 大學亞洲圖書館為《禁戲圖存》提供的參考書目

年畫／版畫(Call Number: NE900~1300)

Title: Zhongguogudai xi qu ban huaji /

Author: Zhou, Xinhui.

Publisher: Beijing Shi: Xueyuanchu ban she,2000.

ISBN: 7800602567; 9787800602566

Description: Di 1 ban.

Location: ASIAN LIBRARY stacks

Call Number: NE962.O64Z47 2000

Title: Zhonghua min guo ban yin nianhuazhengxuan de jiangzuo pin teji =Prizewinning [i.e. Prize winning] works from the ROC New Year Print Competition /

Publisher: [Taipei]: Xing zhengyuan wen huajian she weiyuan hui,1997.

ISBN: 9570086351

Location: ASIAN LIBRARY stacks

Call Number: NE1300.8.T28C48 1997

Number of Items: 1

Title: ZhongguoYangliuqing mu ban nianhuaji /

Publisher: TianjingShi: TianjingYangliuqinghua she: Xin huashudianTianjing fa xingsuo fa xing,1992~

ISBN: 7805030790 (v. 1)

Description: Di 1 ban.

Format:Book
Location: ASIAN LIBRARY stacks
Call Number: NE1300.8.C6C59
Number of Items: 1 (v.1)

Title: Zhongguo min jiannianhuashitulu /
Author:Wang, Shucun.
Publisher: Shanghai: Shanghai ren min meishuchu ban she,1991.
ISBN: 7532208974 (v. 1); 7532208982 (v. 2)
Description: Di 1 ban.
Location: ASIAN LIBRARY stacks
Call Number: NE1300.8.C6W375 1991
Number of Items: 2 (v.1~2)

Title: Xi chunianhua /
Author:Wang, Shucun.
Publisher: TaibeiShi: Han sheng zazhishe,minguo 79 [1990].
Location: ASIAN LIBRARY reference (non-circulating)
Call Number: NE1300.8.C6W38 1990
Number of Items: 2 (v.1~2)

Title: Henan Zhuxianzhennianhua /
Author:Wang, Shucun.
Publisher: Ha'erbin Shi: Heilongjiang meishuchu ban she,2001.
ISBN: 7531809788; 9787531809784
Description: Di 1 ban.
Location: ASIAN LIBRARY stacks
Call Number: NE1300.8.C6W36 2001

Title: Suzhou Taohuawu mu ban nianhua =Taohuawu woodblock new year prints,
    Suzhou /
Publisher: Nanjing: Jiangsu gujichu ban she ;Xianggang: Xianggangjia bin chu
    ban she,1991.

ISBN: 7805193274:

Description: Di 1 ban.

Location: ASIAN LIBRARY stacks

Call Number: NE1300.8.C6S815 1991

Number of Items: 1

Title: Ban hua /

Publisher: Shanghai: Shanghai ren min meishuchu ban she: Fa xingzhe Xin huashudian Shanghai fa xing suo,1988.

ISBN: 7532201287

Description: Di 1 ban.

Location: ASIAN LIBRARY stacks

Call Number: ND1042.C563 V. 20

Number of Items: 1

Title: Xin pian Chung-kuo pan hua shih tulu /

Publisher: Pei-chingshih: Hsüehyüanch'u pan she,2000.

ISBN: 7800605310 (set); 9787800605314 (set)

Description: Ti 1 pan.

Location: ASIAN LIBRARY stacks

Call Number: NE1183.H82 2000

Number of Items: 11 (v.1~11)

小說版畫（NC990.5）

Title: Zhongguogudian xiao shuo xi jurenwutugao.

Publisher: [1983?]

Location: ASIAN LIBRARY stacks

Call Number: NC990.5.C585 1983

Number of Items: 1

Title: Gu ben xiao shuo ban huatulu (xiu ding zengbu ben) /

Publisher: Beijing Shi: Xueyuanchu ban she,2000.

ISBN: 7800605256

Description: Di 1 ban.
Location: ASIAN LIBRARY stacks
Call Number: NC990.5.G82 2000
Number of Items: 5

Title: San Guoyanyi ban ketulu /
Publisher: Beijing: Xian zhuangshu ju,2002.
ISBN: 7801061020
Description: Di 1 ban
Location: ASIAN LIBRARY stacks
Call Number: NC990.5S26 2002
Number of Items: 2 (v.1~2)

Title: Shuihuzhuan ban ketulu.
Publisher: Beijing Shi: Xian zhuangshu ju,2002.
Description: Di 1 ban.
Location: ASIAN LIBRARY stacks
Call Number: NC990.5.S53 2002
Number of Items: 2 (v.1~2)

Title: Ming min zhaiji hui ke Xi xiangjicaitu ;Ming He Bi jiao Xi xiangji /
Author: Wang, Shifu,
Publisher: Shanghai: Shanghai gujichu ban she,2005.
ISBN: 7532540227:
Description: Di 1 ban.
Location: ASIAN LIBRARY stacks
Call Number: NC990.5W363 2005
Number of Items: 2

Title: Xi you ji ban ketulu /
Publisher: Beijing: Xian zhuangshu ju,2002.
ISBN: 7801060822

Description: Di 1 ban.

Location: ASIAN LIBRARY stacks

Call Number: NC990.5.X58 2002

Number of Items: 2 (v.1~2)

Title: Zhongguogudai xiao shuo ban huajicheng /

Publisher: Shanghai: Han yu da ci dianchu ban she,2002.

ISBN: 7543207559

Description: Di 1 ban.

Location: ASIAN LIBRARY stacks

Call Number: NC990.5.Z466 2002

Number of Items: 8

Title: Guojiatushu guan cang xi qu xiao shuo ban huaxuan cui /

Author: Guojiatushu guan (Taipei, Taiwan)

Publisher: Taibei: Guojiatushuguan,Minguo 89 [2000]

ISBN: 9576783054; 9789576783050

Description: Chu ban.

Location: ASIAN LIBRARY stacks

Call Number: NE1183.G86 2000

Status: On loan - Due on 09-02-2014

民間美術（NK1068）

Title: Zhongguo min jianmeishuquanji.

Publisher: Nanning Shi: Guangxi meishuchu ban she,2002.

ISBN: 7806743502:

Description: Di 1 ban.

Location: ASIAN LIBRARY stacks

Call Number: NK7383.A1 NK7383.A1Z663 2002

Title: Zhongguo min jianmeishuquanji.

Publisher: Hangzhou Shi: Zhejiang ren min meishuchu ban she,2002.

ISBN: 7534015855; 9787534015854

Description: Di 1 ban.

Location: ASIAN LIBRARY stacks

Call Number: NK9509.65.C6Z476 2002

Number of Items: 1

Title: Zhongguo min jianmeishu ci dian =Zhongguominjianmeishucidian /

Publisher: Nanjing Shi: Jiangsu meishuchu ban she,2001.

ISBN: 7534410959:

Description: Di 1 ban.

Location: ASIAN LIBRARY reference (non-circulating)

Call Number: NK1068.Z464 2001

Number of Items: 1

Title: Zhongguo min jianmeishu =Chinese folk art /

Publisher: Beijing Shi: Gao dengjiaoyuchu ban she,2000.

ISBN: 7040081989

Description: Di 1 ban.

Location: ASIAN LIBRARY stacks

Call Number: NK1068.Z466 2000

Number of Items: 1

Title: Min jianmeishu =Min jianmeishu /

Publisher: Wuhan: Hubei meishuchu ban she,1999.

ISBN: 7539408286 ([v. 1]: varies for each vol.)

Description: Di 1 ban.

Location: ASIAN LIBRARY stacks

Call Number: NK1069.H66M56 1999

Number of Items: 6 (V. 1~6)

Title: Zhongguo min jianmeishu /

Author:Xu, Lian.

Publisher: Wuchang: Hua zhong li gong da xuechu ban she,1995.